ALEXANDER HOFFMANN

EIN
LEBEN
MIT
KREBS

KÖRPER- UND SEELENHEIL
DURCH WAHRHEIT

Diagnose: Kleinzelliger Lungenkrebs –
eine Gratwanderung zwischen Beruf(ung)
und eigener Betroffenheit

VINDOBONA
VERLAG · SEIT 1946

Bibliografische Information
der Deutschen Nationalbibliothek:

Die Deutsche Nationalbibliothek
verzeichnet diese Publikation in
der Deutschen Nationalbibliografie.
Detaillierte bibliografische Daten
sind im Internet über
http://www.d-nb.de abrufbar.

www.vindobonaverlag.com

© 2021 Vindobona Verlag

ISBN 978-3-949263-08-8
Lektorat: Thomas Ladits
Umschlagfoto und Innenabbildungen:
Alexander Hoffmann
Umschlaggestaltung, Layout & Satz:
Vindobona Verlag

Die vom Autor zur Verfügung gestellten
Abbildungen wurden in der bestmög-
lichen Qualität gedruckt.

Gedruckt in der Europäischen Union
auf umweltfreundlichem, chlor- und
säurefrei gebleichtem Papier.

Widmung

Für meine Söhne Dorian und
Nick-Xaver (11 und 9 Jahre)
und Gattin Ingrid Hoffmann–Drack
sowie Stiefsohn Alexander Moser

Vorwort

Es war im März 2016, als die Diagnose lokal fortgeschrittenes kleinzelliges Lungenkarzinom (bereits mit Lymphknotenbefall, aus klinisch–pathologischer Sicht Stadium IIIA) bestätigt wurde. Ich war 37 Jahre und seit etwas mehr als einem Jahr als Pathologe tätig, als das Leben quasi zum Stillstand kam…

Einführung – Das Phänomen Krebserkrankung

Was bedeutet Krebs? Nahezu jede und jeder in unserer Gesellschaft weiß darüber in irgendeiner Art und Weise bescheid. Entweder kennt man Personen aus dem eigenen Umfeld oder sogar Familienkreis und zusätzlich gibt es ständig Informationen seitens Medien und Internet.

Trotz dieser breiten Aufklärung bewirkt die Diagnosestellung Krebs psychologisch gesehen wahrscheinlich in jedem Betroffenen einen Zusammenbruch. Darüber hinaus kann die Belastung oftmals bei Familienangehörigen noch wesentlich stärker ausgeprägt sein als beim Erkrankten selbst.

In weiterer Folge möchte ich versuchen, die verschiedenen Facetten, Hintergründe und mögliche Lösungsstrategien einer potenziell tödlichen Krebserkrankung als Patient und Pathologe – also von zwei konträren Perspektiven aus betrachtet, jedoch in einer Person – darzustellen.

KAPITEL 1

Das Schockerlebnis „Krebs"

Wenn man Statistiken heranzieht, sind Krebserkrankungen nach Herz-Kreislauferkrankungen immer noch die zweithäufigste Todesursache. Daher verwundert es nicht, dass Krebsdiagnosen gleichbedeutend sind mit einem schweren Schockerlebnis.

Negative Gefühle wie Angst, Verzweiflung, Hoffnungslosigkeit, ferner depressive Verstimmung oder auch Wut und Aggression brechen über einen herein.

Besonders tragisch ist es zum Beispiel beim kleinzelligen Lungenkarzinom wie in meinem Fall.

Dieses ist in der Regel nach derzeitigem Kenntnisstand der Wissenschaft so aggressiv, dass es zumindest im fortgeschrittenen Stadium nicht geheilt werden kann.

Aber auch die nicht kleinzelligen Lungenkarzinome sind quasi mit einem Todesurteil verbunden, wenngleich die Langzeitprognose etwas besser erscheint.

Nichtsdestotrotz ist jede Krebserkrankung und somit auch deren Prognose individuell anzusehen und Zahlen sollten zunächst sekundär sein.

Ich möchte noch einmal kurz auf den Schockauslöser „Krebs" eingehen. Gemeint ist nicht der medizinische Schock im Sinne einer Kreislaufveränderung, sondern der psychische Zusammenbruch, der vielleicht sogar dazu führen kann, dass ein bislang lokalisierter Tumor metastasiert.

In diesem Zusammenhang sei schon einmal auf den Begriff Psychoonkologie hingewiesen, der zu Recht immer mehr an Bedeutung zunimmt.

Das Zusammenspiel von Psyche und Krebs bestimmt deren Entstehung, Erleben, Verlauf und auch Risiko eines Rückfalls sowie Prognose.

„Mens sana in corpore sano" – gesunder Geist in einem gesunden Körper.

KAPITEL 2

Die Frage nach dem Warum?

Viele Risikofaktoren, die zur Entstehung von Krebserkrankungen führen, beziehungsweise führen können, sind bekannt.

Eine besondere Rolle spielen beeinflussbare und vermeidbare Faktoren, im Falle von Lungenkarzinomen natürlich das chronische Inhalationsrauchen, aber auch das Passivrauchen.

Schuldgefühle, Vorwürfe, Spekulationen – was wäre gewesen, wenn?

Grundsätzlich vertrete ich die Meinung, dass es sich – genetische Prädisposition vielleicht als besondere Risikosituation ausgenommen – selten nur um einen Faktor allein handelt. Selbst bei genetischer Vorbelastung bedarf es Auslöser für eine definitive Krankheitsentstehung.

Bereits Konflikte in der Kindheit, die bis ins Erwachsenenalter mitgeschleppt werden, bewusst oder auch nicht, spielen eine Rolle.

Frage: Was ist es in sich selbst? Was ist deren/dessen Natur? (vgl. Marc Aurel, Wege zu sich selbst, Selbstbetrachtungen)

Entscheidend ist letztendlich nicht nur die Frage nach der Ursache, sondern auch, wie man damit umgeht. Was könnte die Erkrankung wohl versuchen, zum Ausdruck zu bringen? Was würde die Erkrankung sagen, wenn sie per se sprechen, oder wenn man mit ihr kommunizieren könnte? Finde Wege zu dir selbst, um Klarheit zu schaffen, und so dringt die Wahrheit ans Tageslicht, wohl zumeist mit einem bitteren Beigeschmack. Das hat die Wahrheitseinsicht nun einmal an sich.

Tempus fugit. – Die Zeit „läuft" (eigentlich: flieht). Eines hat man als Krebspatient vom Gefühl her wahrscheinlich nicht mehr, und das ist endlos Zeit. Das Warten auf das weitere Prozedere bedeutet eine psychische Qual.

Therapieeinrichtungen sind darauf ausgerichtet, die Wartezeiten möglichst kurz zu gestalten, in der Realität ist dies nicht immer durchführbar.

Krebsdiagnosen ziehen in der Regel eine Vielzahl von weiteren Untersuchungen und Kontrollterminen nach sich, sodass sie unausweichlich zu einem integralen Bestandteil des Lebens werden.

Die Rolle des Pathologen besteht darin, so rasch wie möglich einen korrekten und fundierten Befund zu liefern, der alle weiteren zur Verfügung stehenden relevanten Therapien ermöglicht.

In der täglichen Routine wirft dies gelegentlich Probleme auf. Selten gleicht ein Fall dem anderen, bis zur endgültigen Diagnose sind oftmals mehrere Untersuchungen notwendig.

Nach persönlicher Erfahrung ist zu sagen, dass eine Triage nach Priorität erfolgen sollte und nicht nach finanziellen Gesichtspunkten in Sinne einer Zweiklassenmedizin.

Grundsätzlich gilt, dass die Prognose umso besser ist, je früher die Diagnosestellung erfolgt und somit therapeutisch eingestiegen werden kann. In diesem Zusammenhang möchte ich auf Warnsymptome hinweisen, welche oft zu spät oder gleich gar nicht wahrgenommen bzw. fehlgedeutet werden.

Auch in meinem persönlichen Fall konnte ich schon frühzeitig ein Fremdkörpergefühl und leichte Schmerzen im Kehlkopfbereich und auch eine leichte passagere Heiserkeit wahrnehmen, aber nicht richtig zuordnen. Erst später kamen Bluthusten, Gewichtsabnahme und körperlicher Verfall als eindeutigere Symptome hinzu.

Oft werden Veränderungen im Körper über Nervenbahnen fortgeleitet und Informationen wie Schmerzen an andere Körperstellen projiziert und dort manifest. Nicht immer sind die Dinge so, wie sie den Anschein haben.

Die Veränderungen am eigenen Körper zu erkennen ist unumgänglich und der Grundstein für jegliches weitere Prozedere.

KAPITEL 3

Die Interaktion Pathologie und Onkologie

Wie bereits angesprochen werden Krebserkrankungen nach bildgebenden Verfahren wie z. B. Röntgen, CT, etc. und letztendlich durch histologische Untersuchungen von Gewebeproben auf der Pathologie gesichert.

Und so begann auch bei mir in weiterer Folge eine therapeutische Zusammenarbeit mit der Onkologie. In meinem konkreten Fall, nachdem ich in Salzburg beschäftigt bin, mit der 3. Medizin, und zwar mit Univ.-Prof. Dr. Richard Greil und Gattin PD Dr. Sigrun Greil-Ressler.

Wichtig ist zunächst, über die Therapieoptionen und auch über neue Ansätze bescheid zu wissen.

In weiterer Folge besteht auch wie z. B. in Salzburg die Möglichkeit, in Studien eingeschlossen zu werden.

Da es in meinem Fall berufsbedingt wahrscheinlich gar nicht möglich gewesen wäre, sich nicht mit der eigenen Krankheit zu befassen, war der Ausgangspunkt ein etwas anderer als sonst.

Eine gute Zusammenarbeit zwischen Pathologie und Onkologie stellt das Grundgerüst für den Patienten dar.

Dies setzt sich in der Regel über den gesamten Behandlungszeitraum fort. Es sei auch darauf hingewiesen, dass es derzeit sehr rasante Entwicklungen zum Thema Lungenkrebs gibt, speziell auch in der Molekularpathologie. Man sollte mit dem Onkologen eine Basis schaffen und auch interdisziplinär alle Möglichkeiten in Anspruch nehmen. Regelmäßige Kontrollen mit Bildgebung sollen erfolgen.

KAPITEL 4

Zurück zum Ursprung

Frage: Ist es möglich, den Beginn eines Prozesses, der zu einer Krebserkrankung geführt haben könnte, zu determinieren? Eine Kausalkette, wo möglicherweise eines zum anderen führt? Dieses ist, weil jenes ist, heißt es in der Karmalehre. Eine Seelenreise in die Vergangenheit, um vielleicht verborgene Wahrheiten herauszufinden. Gelingt es, die Wahrheit herauszufinden, ist ein Grundstein für den Heilungsprozess gelegt. Der Geist wird befreit und somit kann auch der Körper genesen. Man sollte anstreben, keine Dualität mit dem Krebs herzustellen. Was kann man sich darunter vorstellen? Gelingt es, den Krebs aus dem Körper zu eliminieren, besteht immer noch das Risiko einer Wiedererkrankung. Ein zu sehr „ins Detail Gehen" birgt die Gefahr in sich, wieder mit der Schwingungsebene verbunden zu werden, die zur Auslösung geführt hat.

Ein Beispiel aus der Realität: Der Tumor ist nicht mehr nachweisbar oder nicht wieder zurückgekommen – keine weiteren Fragen.

Je mehr Klarheit herrscht, desto mehr gelingt die Distanzierung. Es ist eine Entscheidungsfrage, ob man sich der Angst hingibt oder nicht. Es gibt genügend Dinge im Leben, denen man sich stattdessen widmen kann, denn Angst hält den Krebs am Leben. Im überirdischen Leben gibt es nur Liebe und Angst, alles andere existiert nicht. Wenn man grundlos in Angst lebt, so wird einem das Leben ein Korrelat zur Verfügung stellen, vielleicht sogar in Form einer Wiedererkrankung.

KAPITEL 5

Die Seele in der 5. Dimension

Wenn die Seele untrennbar mit dem Körper verbunden ist, kann wohl bei „kranker" Seele auch keine Heilung herbeigeführt werden. Man betrachte aber nur einmal die Seele per se, getrennt vom Körper. Früher wurden junge Menschen in den Krieg geschickt, heute führen wir Kriege gegen als unheilbar geltende Krankheiten, damit die Seele frei werden kann. Karmische Gesetzmäßigkeiten sollen dazu dienen, etwas aufzulösen. Die Seele ist befreit und kann reinkarniert werden.

Man glaubt, die Seele wohnt im Körper, aber der Körper wohnt in der Seele.

Das ist ein neuer Ansatz auch bezüglich der Interpretation und des Umgangs mit Krankheiten. Wenn man sich mehr auf Seelenebene bewegt und versucht, mit Meditation in sich zu gehen, kann man zu Wahrheiten gelangen. Eine Erkrankung muss nicht sinnlos sein, sondern kann auch dazu notwendig sein, um zu etwas Höherem zu gelangen.

„Sei froh, dass du leidest, es bringt dich näher zu Gott." Eine Sichtweise, die schon gegen Ende des 19. Jahrhunderts beispielsweise in der Klinik der Charité gängig war, wenn man mit todbringenden Krankheiten konfrontiert war. Ohne Seelenfrieden ist weder erfülltes Leben noch ein Sterben möglich. Ich möchte an dieser Stelle ein Beispiel aus meiner Vergangenheit schildern. Gemeinsam mit meiner damaligen Psychologin haben wir versucht, das Therapieprinzip des *Brain spottings* anzuwenden. Es geht darum, einen Punkt außerhalb des Körpers zu fokussieren und diesen mit der Bedrohung der Krebserkrankung zu assoziieren. Nun, es ist mir tatsächlich gelungen, den „Kleinzeller" mit einer gewissen Distanz als Punkt zu visualisieren, quasi die Bedrohung außerhalb des Körpers wahrzunehmen.

Was bedeutet das? Ein Versuch, die Dinge nicht nur strikt drei- oder vierdimensional (wenn man die Zeit als vierte Dimension ansieht) zu sehen, das Seelenleben ist umfangreicher. Ist eine Trennung von Körper und Seele möglich, dann gelingt auch eine Trennung der Krankheit vom Körper, und ohne Körperkorrelat existiert auch kein Krebs. Der Körper ist nur eine Leihgabe für die Seele, um etwas zu verwirklichen.

KAPITEL 6

Religiöse Aspekte

Was hat Jesus gesagt:

Johannes 11,25–26
„Wer an mich glaubt, wird den Tod bezwingen …
… wird leben, auch wenn er stirbt.
… und jeder, der lebt und an mich glaubt, wird leben, wenn er stirbt."

http://www.zeno.org/Literatur/M/Luther,+Martin/Luther-Bibel+1912/Das+Neue+Testament/Das+Johannesevangelium oder https://www.bibleserver.com/

Ich persönlich war in gewisser Weise schon immer interessiert an der Lehre Jesu, und so sollen wir Heilung nicht ausschließlich bei den Ärzten, sondern auch bei Jesus Christus und den Engeln suchen. Selbstverständlich ist es notwendig und auch angezeigt, die Mittel der ärztlichen Kunst, sei es Chemotherapie, Bestrahlungen etc., in Anspruch zu nehmen. Die Krankheit, gegen die wir kämpfen, ist der gemeinsame Feind von Gott und Mensch. Es ist eine Lebensprüfung, durch Leid, das wir durch Krankheit erfahren, wird die Seele näher zu Gott transportiert.

Ich habe mir oft die Frage gestellt, was hätte wohl Jesus in dieser Situation getan. Christlich ist der, der seine Talente lebt und diese für andere einsetzt. Und so sollen die Schwächeren unterstützt werden, und erworbenes Wissen und Erfahrungen sollen sinnvoll weitergegeben werden. Es ist ein neues Zeitalter angebrochen, die Wahrheit als Grundstein und Protektion für Schaden und Krankheit. Was ist das beste Mittel gegen Krebs? Am besten wohl erst gar keinen zu bekommen, Prävention als zielorientierte Maßnahme. Wir sollen unser Vertrauen nicht nur in die ärztliche Heilkunst legen, sondern wir sind auch angehalten, Gott um Hilfe anzurufen.

Und wieder einmal ist Ostern und wir gedenken der Auferstehung Jesu Christi, der uns die Wege des Lebens aufgezeigt hat.

«Ultima, dum vivis, Menti non excidat Hora,
Hic, ut fit felix, Tu bene, disce morti.
Solange du gut lebst, möge dem Geist nicht die letzte Stunde
schlagen,
lerne hier auf Erden dem Tod, wie er glücklich wird.“

Darüber hinaus gibt es noch zwei weitere essentielle Vertreter der überirdischen ärztlichen Heilkunst: der Erzengel Michael in Kombination mit der goldgrünen Energie des Erzengels Raffael.

KAPITEL 7

Prävention

Wie schon erwähnt stellt aus heutiger Sicht wahrscheinlich die effiziente Vorsorge immer noch das sicherste Mittel gegen Krebs dar. Krankheiten, die vor 2000 Jahren als absolut unheilbar galten, wie zum Beispiel viele Infektionen, können durch standardisierte Hygienemaßnahmen verhindert werden, außerdem gibt es heutzutage viele Medikamente und Impfungen. Was gibt es für präventive Maßnahmen gegen Krebs, zumal das fortschreitende Alter schon einen Risikofaktor per se darstellt? Ist es ausreichend, Lungenkrebs bei potentieller erblicher Vorbelastung durch Nichtrauchen alleine zu verhindern? Seelische Schäden, die bis zur Geburt oder darüber hinaus zurückreichen? Ein Netzwerk aus Lügen, das sich durch das gesamte Leben zieht. Manchmal ist es notwendig, das ganze Leben wie ein Wollknäuel zu entwirren, um die Wahrheit zu erkennen und neu beginnen zu können, denn mit der gleichen Verästelung manifestiert sich die Erkrankung dann im ganzen Körper und ist nicht mehr aufzuhalten.

Prävention bedeutet auch, seelisches Heil herzustellen und der Schlüssel liegt wohl in der Wahrheit. In einer neuen Welt, in der Krebserkrankungen durch ein neues Bewusstsein möglicherweise ausgelöscht werden können, so wie es schon mit manchen Viruserkrankungen gelungen ist.

Nachdem es mir gelungen war, tumorfrei zu werden, stellte sich die Frage, was nun vernünftig zu tun ist. Eine Umstellung der Lebensweise, praktisch gegenteilig zu vorher, schien angebracht. Das Hauptaugenmerk war auf das Seelische gerichtet, denn das ist, was auf jeden Fall übrigbleibt.

Auch Gebete spielten eine Rolle, und zwar, dass meine Talente erhalten bleiben mögen, damit andere profitieren können. Andere waren so liebenswürdig, für mein Wohlergehen zu beten.

Es hat sich bewährt, nicht nur für sich selbst zu beten, das sollte man besser anderen überlassen.

Wenn man seine Talente lebt und richtig einsetzt, ist das nicht nur eine gute Form der Christlichkeit, sondern mag wohl auch einen präventiven Charakter haben. Prävention bedeutet auch, erlerntes und erworbenes Wissen weiterzugeben. Als Pathologe sehe ich es natürlich auch als Verpflichtung an, Wissen weiter zu vermitteln und zu versuchen, einen Beitrag zur Wissenschaft zu leisten. Die am häufigsten genannten Motive, den Arztberuf erlernt zu haben, sind wahrscheinlich das Bestreben, anderen zu helfen und Erkenntnisinteresse. Einen weiteren Grund kann auch die eigene Hilfsbedürftigkeit darstellen. Lerne, dir selbst zu helfen, bevor du anderen hilfst. So ist die Pathologie zu einer Leidenschaft geworden, nicht nur die anderen Menschen, sondern auch sich selbst zu heilen. Mensch und Gott kämpfen gegen den selben Feind, die Krankheit. Fälschlicherweise wurde oft scherzhaft gesagt, der Pathologe weiß alles, aber zu spät. Es gelingt aber immer mehr, in die molekularen Ebenen vorzudringen und Zusammenhänge der Krankheitsentwicklungen zu verstehen, und diese können und werden auch für die Lebenden genutzt. Man muss sich auch selbst mit Krankheit und Leid auseinandersetzen, sonst gibt es keinen Fortschritt. Letztendlich findet die Beendigung des Leidwesens auch durch das eigene Bewusstsein statt.

KAPITEL 8

Die Wahrheit

Grundsätzlich gilt: Die Wahrheit ans Tageslicht zu bringen ist besser als ein Leben lang in Lüge zu leben, so schlimm diese zunächst auch erscheinen mag. So werden Vorfälle in der Kindheit, die nicht mehr erinnerlich sind und verdrängt werden, verschwiegen, und so wird man Opfer seiner eigenen Vergangenheit. Das Unbewusste vergisst aber nichts, und so bleiben Narben zurück, wie „Partisanen in der Seelensuppe". Diese fungieren wie ein Trigger für das Ausbrechen von seelischen und körperlichen Krankheiten. Überaus vorteilhaft in diesem Zusammenhang war, dass meine Frau als Detektivin tätig war und so gelang es Schritt für Schritt, mehr in die richtige Richtung zu gehen und die Wahrheit herauszufinden. Wir schreiben nun das Jahr 2020, möglicherweise der Beginn eines neuen Zeitalters, in dem die Wahrheit eine neuwertige Priorität einnimmt. Es ist auch das Jahr der Corona-Virus-Pandemie, die Menschen werden zur Quarantäne gezwungen und viele Normalitäten des täglichen Lebens müssen ebenfalls neu bewertet werden. Es ist ein Phänomen und gleichermaßen eine Tragödie, dass es immer wieder einer Katastrophe bedarf, wie jetzt beispielsweise dieser Pandemie, um gewisse Dinge ans Licht zu bringen. So hat das Corona-Virus auf gewisse Art und Weise ebenfalls so manche Wahrheiten aufgezeigt. Durch die Überlastung des Gesundheitssystems in dieser Zeit werden andere medizinische Belange wie nicht notfallmäßig zu behandelnde Patienten hintangestellt. Es ist wahrscheinlich wie ein Segen, wenn man derzeit keine Krebstherapie braucht, die psychische Belastung ist hier nicht weniger gravierend einzuschätzen. Angesichts der Reproduktionsfähigkeit des Virus müsste schon eine 60- bis 70-prozentige Durchseuchung oder Durchimmunisierung mit einem Impfstoff stattfinden, um einen Stopp der Ausbreitung herbeizuführen. Das Prinzip der Impfung ist wohl eine der herausragenden Errungenschaften, die die Medizin bezüglich Prävention hervorgebracht hat.

Das immer wieder clusterartige Wiederaufflackern von epidemischen Infektionskrankheiten kennt man auch aus der Vergangenheit wie zum Beispiel der Pest selbst, nachdem sie bereits zweimal in Europa mit zahlreichen Todesopfern gewütet hat. (lat. pestis bedeutet wörtlich übersetzt so viel wie Seuche)

Soziale und sozialmedizinische Fehlentwicklungen werden früher oder später mehr oder weniger durch das Leben selbst aufgezeigt. Grenzenlose Überschreitungen von Naturgesetzen, die Erdoberfläche „wehrt" sich, die Folge sind Krankheiten, die nicht mehr kontrollierbar werden. Wenn ich jetzt meine Vergangenheit Revue passieren lasse, so denke ich, dass die Wahrheit, sofern sie gelebt worden wäre, womöglich die beste Prävention gewesen wäre. Auch Wissenschaft kann nur funktionieren, wenn die Wahrheit erhalten bleibt. So ist nebenbei Veritas (die Wahrheit) auch das Motto der Universität von Harvard. Wissenschaft und Religion harmonieren grundsätzlich gut miteinander.

So geht es wohl darum, nicht nur die individuelle Krankheitsverhütung anzustreben, sondern auch globale Bedrohungen zu erkennen. Dazu ist es natürlich auch notwendig, hinzuschauen und zu reagieren. Grenzen sollen dort durchbrochen werden, wo es auch einen Nutzen bringt.

Die Wahrheit fungiert als zentrales Instrument für die Krankheitsvorsorge, Gesundung, deren Aufrechterhaltung und letztendlich für den anhaltenden Heilungserfolg. Sie führt zur Erleuchtung („Erwachen, wie bei Buddha") und beendet wohl den Kreislauf des Leidens. Auch frühere depressive oder manische Zustände sind wie weggewischt.

KAPITEL 9

Das Überirdische und Übersinnliche

Manche Menschen wollen einen Beweis, dass Überirdisches existiert, nun, das bekommt man nicht einfach so präsentiert. Allerdings ist es durchaus legitim, an mehr zu glauben, zumal die Dinge nicht immer so sind, wie sie erscheinen mögen. Es existiert womöglich ein vorgefertigter Lebensplan, den man sich ohnehin schon vorher ausgewählt hat und somit sind Dinge auch aus einem anderen Blickwinkel zu betrachten. Man sollte das eigene Leben genau unter die Lupe nehmen, das heißt, welchen Lebenssituationen man sich wiederholt ausgesetzt sieht, möglicherweise egal, wie man es dreht und wendet. Grundsätzlich ist davon auszugehen, dass, je schwieriger sich die Bewältigung eines Problems herausstellt, es auch umso wichtiger ist, sich damit auseinanderzusetzen. Jede Bereinigung bedeutet, sich auch in späteren Lebensspannen nicht mehr damit beschäftigen zu müssen, auch über den Tod hinaus in Analogie zu karmischen Gesetzen bei der Wiedergeburt. Schließlich möchte man in einem anderen Leben nicht wieder mit denselben Dingen konfrontiert werden, umgekehrt sollte man keine schwerwiegenden Konfliktsituationen mit zwangsläufigen Konsequenzen zurücklassen. So kann ein Kampf gegen Krebs sehr wohl von übersinnlicher Wichtigkeit sein und ist somit alles andere als sinnlos. Die Krankheit ist nur ein Werkzeug, das benutzt werden kann, um seinen Geist zu reinigen. Wer es schafft, sein Karma im selben Leben aus eigener Kraft zu bereinigen, wird heilig. Im Buddhismus versteht man unter einem Buddha ein Wesen, das aus eigener Kraft die Reinheit und Vollkommenheit seines Geistes erreicht und somit eine grenzenlose Entfaltung all seiner vorhandenen Potenziale erlangt hat. Er erlangt somit die Meisterschaft in den Dingen, denen er sich aus Überzeugung hingibt. Für mich schien es unumgänglich, ehestmöglich wieder in die berufliche Materie einzutauchen, um überhaupt eine vollständige Gesundung erreichen zu können. Ich wollte unbedingt herausfinden, ob ich noch an die früheren Leistungen anknüpfen konnte, und siehe da, es gelang besser als jemals zuvor.

Der „Vollkommene Vollständig-Erwachte" (pali: *sammá-sambuddha*) bezeichnet einen Menschen, der die zur Befreiung und Vollendung führende Lehre, nachdem sie der Welt verloren gegangen ist, aus sich selbst heraus wiederentdeckt, selbst verwirklicht und der Welt lehrt und auf Grund seiner umfangreichen Fähigkeiten und Verdienste zahlreiche Menschen zur Befreiung führen kann.

KAPITEL 10

Das medizinische Problem Lungenkrebs

Wenn man als Pathologe Lungenkrebserkrankungen diagnostiziert, dann befinden sich bereits etwa 70% aller Patienten in einem inoperablen Stadium, abgesehen davon, dass das kleinzellige Karzinom ohnehin, wenn überhaupt, nur in einem ganz frühen Stadium operiert wird. Man fürchtet eine zusätzliche Streuung im Rahmen der Operation, eine unterstützende Chemotherapie muss trotzdem angeschlossen werden. So konnte auch in meinem Fall nicht primär operiert werden und es blieb nur eine Radiochemotherapie. Es quälte mich der Gedanke, dass nur eine Operation imstande wäre, eine völlige Tumorfreiheit zu erreichen. So drängte ich darauf zu operieren. Als schließlich doch eine operable Situation erreicht worden war, wendete sich plötzlich das Blatt, es führte das Therapieregime auch ohne Operation zum Erfolg und kommt nun nicht mehr infrage, zumal sie auch eine deutliche Einschränkung der Lebensqualität bedeutet hätte.

Und wieder einmal sind die Dinge nicht so, wie sie vielleicht anfänglich zu sein scheinen.

Selbstverständlich geht es ohne medizinische Therapie nicht, alleine schon der Umstand, dass therapiert wird, ist wie ein Balsam für die Seele. Wie bereits gesagt muss und soll man die Medizin in allen Facetten in Anspruch nehmen, denn nur so kann auch die Wissenschaft vorankommen. Das bedeutet, dass man, indem man sich behandeln lässt, der Wissenschaft einen Dienst erweist. Ferner ist es immer leichter, etwas zu tun, als nichts zu tun. Letztendlich waren es acht Zyklen Chemotherapie mit Cisplatin (7x) und Etoposid (4x) und Topotecan (4x) und Bestrahlung mit 50 Gy Primärtumor und 80 Gy Mediastinum (Lymphknoten) Gesamtdosis bis Tumor- und bislang Rezidivfreiheit eingetreten ist. Dieses Therapiekonzept erschien aus onkologischer Sicht als optimal, der Umstieg auf Topotecan erfolgte, da anfänglich die erwartete Tumorregression ausblieb. Aufgrund zunehmender Nervenstörungen wurde überlegt, Cisplatin durch Carboplatin zu ersetzen, das erschien aber wegen des noch höheren Risikos hämatologischer (Blutbildabfall) Nebenwirkungen in Kombination mit Topotecan ungeeignet. Und in der Tat kam es dennoch zu einer beginnenden Sepsis, die eine antibiotische Therapie auf einer Isolierstation notwendig machte. Die Entscheidung war somit aus onkologischer Sicht vollkommen richtig.

Anzumerken ist in diesem Kontext, dass sich der komplette Therapieerfolg oft erst nach Wochen bis Monaten zeigt. Was ist die effizienteste Therapie gegen Krebs oder gibt es diese überhaupt? Nun, dies ist wohl nicht genau zu beantworten und hängt vom individuellen Fall ab. Die zukunftsorientierte Medizin wird durch immer mehr Erkenntnisse zur individualisierten Therapie, die maßgeschneidert für den jeweiligen Patienten ist, sofern relevante Therapiemöglichkeiten zur Verfügung stehen. Jede Therapie, ganz besonders Radiochemotherapie-Schemata, hat natürlich auch mehr oder weniger stark ausgeprägte Nebenwirkungen. Diese können auch sehr gut mit alternativen Methoden angegangen werden, ohne mit der eigentlichen Therapiewirkung zu interagieren. So waren in meinem Fall die zusätzliche Gabe von Papayatee gegen Verstopfung und Bauchkrämpfe sehr hilfreich. Als äußerst vorteilhaft hat sich auch die kontinuierliche Einnahme von kolloidalem Germanium in geringer Dosierung erwiesen.

Es handelt sich hierbei um ein Element mit der Ordnungszahl 32 im Periodensystem, welches natürlicherweise im Körper nicht vorkommt und keine essentielle Funktion hat. Es besitzt die Fähigkeit, freie Radikale zu binden, wirkt antimutagen und entgiftet den Körper von Schwermetallen. Nochmals sei aber darauf hingewiesen, dass es sich hierbei um keine kausale Therapie gegen Krebs im engeren Sinn handelt, es jedoch ein unterstützendes Agens darstellt, unerwünschte Nebenwirkungen zu lindern.

Abschließend hierzu möchte ich noch eine Möglichkeit aus der „Naturmedizin" anführen, welche ich ebenfalls wahrgenommen habe. Es handelt sich um die Frucht der Stachelannone, deren Fruchtfleisch oder vielmehr deren Fruchtsaft eine Chemotherapie-ähnliche beziehungsweise -verstärkende Wirkung besitzt. Die Kerne dürfen nicht verzehrt werden, da sie giftig sind.

Während der Therapie befand ich mich fast ausschließlich sozusagen in Askese, die meiste Zeit abgeschieden von Familie und Freunden. Dies war einerseits belastend, führte andererseits durch Reflexion auch zur Selbstfindung. Ich nutzte die Zeit auch unter anderem dazu, Situationen aus der Vergangenheit noch einmal zu überdenken.

Was ist nicht gut gelaufen, beziehungsweise hätte anders laufen können? Entscheidend für den Heilungsprozess ist die Vermeidung eines psychischen Zusammenbruchs. Ein unerschütterlicher Glaube an die Genesung und die stetige Zunahme der mentalen Stärke bei Überwindung jeder Hürde, beispielsweise eines absolvierten Chemotherapiezyklus. Letztendlich ist es gelungen, die Erkrankung durch konventionelle Medizin zu eliminieren. Eine geplante neuwertige Immuntherapie mit sogenannten Immuncheckpoint-Inhibitoren war nicht mehr notwendig. Aus Überzeugung, dass man ein gesundes Gehirn nicht unbedingt bestrahlen sollte, habe ich auch die wegen gefürchteten Hirnmetastasen standardisierte prophylaktische Ganzhirnbestrahlung abgelehnt. Abgesehen davon, dass hier wahrscheinlich auch mit zumindest geringen kognitiven Einbußen zu rechnen gewesen wäre.

KAPITEL 11

Die „seelische" Regression

Es ist ein altbekanntes Phänomen, dass sich Familiengeschichten, leider auch Tragödien, über die Generationen hinweg oft wiederholen. Gleichwohl wie ein Rad, welches sich weiterdreht, wenn man es nicht bewusst zum Stillstand bringt. Das bewusste Hinschauen ist deswegen entscheidend, weil sonst unbewusste Impulse die Handlungen beeinflussen können. Diese liegen möglicherweise bis zur Geburt oder noch weiter zurück und entziehen sich somit dem Erinnerungsvermögen. Grundsätzlich geht es nicht darum, etwas besser, als man es selbst erlebt hat, aber vielleicht anders zu machen. Wie eingangs schon erwähnt, erkrankt bei Krebs im Regelfall die ganze Familie, ganz besonders hervorzuheben sind aufgrund der seelischen Verbundenheit die Nachkommen. Auch nach einer Genesung bleiben seelische Narben wie Ruinen zurück, die wiederaufgebaut werden müssen. Was vor einem lag spielt keine Rolle mehr, alles andere Zurückliegende jedoch sehr wohl. Das Licht wirft nach hinten noch einen Schatten, der ebenfalls erhellt werden muss. Dabei geht es nicht nur um mögliche seelische Traumen oder daraus resultierende Ängste, welche durch die Krankheit selbst ausgelöst wurden, sondern auch um selber erlebte und anderen zugefügte Kränkungen, die zur Krankheit geführt haben. Ein Versuch, Situationen aus der Vergangenheit, die negativ verlaufen sind und womöglich sogar Schaden angerichtet haben, im Geiste zu drehen, quasi wie einen Film noch einmal abspielen zu lassen, wie es stattdessen gewesen sein könnte oder viel besser gewesen sein sollte. Im „Hexenwesen" sind Lungenerkrankungen nebenbei erwähnt Ausdruck von Traurigkeit. Traurigkeit kennt man als Gegenteil von Freude und verhindert quasi das Entstehen von Glück beziehungsweise macht ein glückseliges Leben unmöglich. Leid entsteht aus dem Affekt Traurigkeit, dessen Empfindungsvermögen genauso wie Freude bereits ab der Geburt vorhanden ist, wie man weiß. In diesem Zusammenhang sollte man auch niemals das Un(ter)bewusste unterschätzen.

KAPITEL 12

Materialismus und Luxus

Eine weitere Tatsache ist, dass man sich im Falle einer Krebserkrankung zwangsläufig für eine längere Zeit im Krankenstand befindet und berufsunfähig ist. Das bedeutet einen gewissen Verdienstausfall und man wird mit finanziellen Problemen konfrontiert, es sei denn, man hat eine „Krebsversicherung" beziehungsweise Verdienstausfallsversicherung abgeschlossen, aber wer hat das schon. Retrospektiv hätte sich eine solche als sehr hilfreich erwiesen, und ist nebenbei sehr zu empfehlen. Plötzlich können Fixkosten nicht mehr beglichen werden und somit wird Luxus schnell zu einer zusätzlichen Belastung, insbesondere wenn man dafür möglicherweise sogar Schulden auf sich genommen hat – Materialismus als weiteres Seelengift in einer Ausnahmesituation. Dinge, die einst als wichtig erschienen, werden bedeutungslos oder gar belastend. Ein gewisses Maß an Bescheidenheit, ein mittlerer Weg, stellt sich als angebracht heraus, bei dem man auf Ressourcen zurückgreifen kann. Man sollte es nicht unterschätzen, mit welchen Problemen man sich in unserer Gesellschaft mit manchen Institutionen gegenübersieht, wenn es sich um finanzielle Angelegenheiten handelt. Ein Streben nach Materialismus, um einem sozialen Prestige gerecht zu werden, entpuppt sich als völlig überflüssig und nichtig. „Weniger ist oft mehr" war immer schon ein gutes Lebensmotto. Man wird in ein System hineingeboren, welches man als Teil davon unterhält, von selbst wird es sich nicht ändern und weiterfunktionieren. Es werden Verhaltensmuster von den Vorfahren übernommen, ungeachtet dessen, dass diese in einem anderen, davon abweichenden System nicht weiterbestehen können und in weiterer Folge krankmachend werden können. Um ein System zu ändern, muss es vollkommen gebrochen und neugemacht werden …

KAPITEL 13

Ein neues Bewusstsein

Wie eingangs schon erwähnt, müssen Kontrolluntersuchungen mit Bildgebung durchgeführt werden, um Wiedererkrankungen und auch Zweiterkrankungen rechtzeitig zu erfassen. Daraus resultieren im Verdachtsfall wiederum weitere Maßnahmen bis hin zur neuerlichen Gewebeentnahme zur Abklärung.

So führten diese auch bei mir bereits zweimal zur Rebiopsie (neuerliche Gewebeprobe), glücklicherweise mit gutem Ausgang, das heißt negativer, tumorfreier Histologie. Allerdings ging dies mit einer deutlichen emotionalen Entgleisung einher, ähnlich wie ein Schalter, der sich umlegt und einen wieder aus der täglichen Routine herauskatapultiert.

Auszüge aus meinem Tagebuch, welches unter anderem der Dokumentation der Krankengeschichte diente:

17.10.2017
PET-CT und MR-Untersuchung: kein Tumor bzw. Mehrspeicherung mehr nachweisbar!
Möglicherweise tatsächlich komplette Remission eingetreten?! HEILUNG!?

10.1.2018
Heute PET-CT: leider neuerliche Zunahme der Speicherung, etwa 2,5 x 1 cm Durchmesser (SUV 4,4) – neuerliche Bronchoskopie und ev. Operation

16.1.2018
Bronchoskopie unauffällig

17.1.2018
Histologie vorerst unauffällig

19.1.2018

Nachbesprechung der Bronchoskopie unter Einbeziehung der Vorbefunde 13.00h

Heute auch Tumorboard (Lunge)

Histologie definitiv negativ, falsch negatives Ergebnis unwahrscheinlich

13.3.2018

PET-CT: keine Speicherung mehr!

4.6.2018

Neuerliche Speicherung im PET-CT mit konsekutiver Bronchoskopie wiederum kein Tumornachweis

26.7.2018

Keine relevante Speicherung mehr nachzuweisen, wieder Entwarnung

8.7.2020

PET-CT Kontrolle

Geringe Speicherung sichtbar in Projektion auf rechten hiliären Lymphknoten – in erster Linie entzündlich, neuerliche Kontrolle am 19.8.

19.8.2020

PET-CT: Speicherung hat wieder abgenommen (SUV 3,6 auf 2,8)

Nächste Kontrolle am 9.12.

Somit keine neoplastische Speicherung, allerdings CEA (Tumormarker im Blut) minimal erhöht, wird ebenfalls als entzündlich bedingt interpretiert

Ein neues Bewusstsein beziehungsweise die Reinheit des Geistes soll dazu verhelfen, die Ruhe zu bewahren und sich nicht von Angstzuständen leiten zu lassen. Fast so ähnlich, wie wenn der Ausgang der Untersuchung, ob positiv oder negativ, ohnehin keine Rolle mehr spielt, weil es keinen Unterschied macht. So kam es, dass in weiterer Folge bei einer Kontrolluntersuchung wieder eine geringe Speicherung auftrat. Ohne wieder sämtliche Register zu ziehen wurde einfach eine engmaschigere Kontrolle vereinbart und es zeigte sich wiederum eine Abnahme des erwähnten „Up-Takes". Es ist an der Zeit, aus dieser Spirale von Unsicherheit, Angst und Zwang einer Abklärung durch invasive Verfahren wie zum Beispiel eine Bronchoskopie mit Gewebeentnahme auszusteigen, denn mein Geist ist frei. Nicht nur die Genesung, oder viel mehr die Gesundung, sondern auch der weitere Verlauf sollen durch das eigene Bewusstsein beeinflusst werden. Die Seele möge selbst entscheiden, wohin die Reise geht.

Nun, was ist die Quintessenz: Man muss nicht zwingendermaßen zuerst sterben, um wiedergeboren werden zu können – auch das ist möglich. Man stelle sich einen Werdegang vor, wenn man mit diesem Bewusstsein schon geboren wird in eine neue Welt mit einer neuen Weltanschauung …

„Das ist mein Fenster.
Eben bin ich so sanft erwacht,
ich dachte, ich würde schweben,
bis wohin reicht mein Leben
und wo beginnt die Nacht?"
(Rainer Maria Rilke)

DER AUTOR

Alexander Hoffmann wurde 1978 in Oberösterreich geboren, wo er aufwuchs und die Schule besuchte. Zum Medizinstudium zog es ihn nach Wien. Schon dort hat sich sein besonderes Interesse am Fachbereich der Pathologie gezeigt, weshalb er in der Folge die Ausbildung zum Facharzt für Pathologie absolvierte und seit 2014 in Salzburg begann, als Pathologe tätig zu sein. Nach seiner eigenen Krebserkrankung entschied Alexander Hoffmann, seine Erfahrungen in Form eines Buches festzuhalten. „Ein Leben mit Krebs – Körper- und Seelenheil durch Wahrheit" ist das erste Werk des angehenden Autors. Seit 2008 ist Alexander Hoffmann verheiratet, er ist Vater zweier Kinder. Unterricht geben und die nächste Generation an Fachkräften auszubilden zählt zu den Stärken des Pathologen; in seiner Freizeit besucht er Konzerte, spielt Tennis oder liest ein gutes Buch.

DER VERLAG

VINDOBONA
VERLAG ⚲ SEIT 1946

ein Verlag mit Geschichte

Bereits seit 1946 steht der Vindobona Verlag im Dienst seiner Bücher und Autoren. Ursprünglich im Bereich periodisch erscheinender Journale tätig, präsentiert sich der Verlag heute als kompetenter Partner für Neuautoren am deutschen, österreichischen und schweizerischen Buchmarkt. Engagement, Verlässlichkeit und Sachverstand – das sind die Grundpfeiler, auf denen der Verlag seit jeher sicher steht.

Sie möchten mit Ihrem Werk das vielseitige Verlagsprogramm bereichern? Der Vindobona Verlag garantiert Ihnen eine professionelle Prüfung Ihres Manuskriptes durch das Lektorat sowie eine zeitnahe Rückmeldung.

Genauere Informationen zum Verlag finden Sie im Internet unter:

www.vindobonaverlag.com

Lightning Source UK Ltd.
Milton Keynes UK
UKHW021842260921
391235UK00002B/15

9 783949 263088